U0058011

戰勝考試焦慮
幫助學生克服考試壓力

Teo Yew Chye◎著
林琬婷、林敬堯◎譯

心理出版社

Fighting off Test Anxiety:
Helping students beat test/exam stress

Teo Yew Chye

目 錄

作者簡介 ── Teo Yew Chye
（張有才）

Teo Yew Chye 為認知心理學家，澳洲西澳大學（University of Western Australia）心理學系前任研究員。他是美國「表演觀點國際公司」（Performance Concepts International）針對企業及年輕人的市場，特別發展的網路介面版本，其學習風格（Learning Styles）之認證的主要訓練師（Certified Master Trainer）。另外，他也是使用 Myers-Briggs Type Indicator（2003 年合格的 MBTI、APT 合格的訓練計畫）被認可的學習促進者（Facilitator）。

他亦是新加坡人類工程學會（Singapore Ergonomics Society）創會副會長，以及 1986～1991 年的會長。Yew Chye 也擔任了 2004～2005 年新加坡 LifeSkills Committee for the Boys Brigade 的會長，以及新加坡心理學會（Singapore Psychological Society, SPS）委員會成員及署理司庫（Acting Treasurer）。

另外，Yew Chye 也是新加坡經濟發展委員會（Economic Development Board, EDB）的高級官員，亦擔任 YCH 集團與 Tan Tock Seng 醫院的首席執行官（Chief Executive Officers）之特別助理。同時也

是 Singapore Engineers 的顧問、Wuthelam 集團資深經理，以及 HorizonContactOne 資深副總裁。

Yew Chye 是第一位被「國際學習風格網絡」（International Learning Styles Network, ILSN）承認為委員會委員的新加坡人，這是由世界上的一些科學研究員和實習者所主導的國際治理委員會（2003～2007 年）。

2003 年，Yew Chye 成為被 Adaptiv/Resilience Training for Corporation/Youth by Adaptiv Learning Systems 認證的第一位亞洲人。他也是「High Impact Arete: Resilience cum Personal Protection」方案極受讚揚的主要訓練師。過去五年，在學習風格和復原教學法上，他訓練了超過一萬五千名學生、家長及老師。

2004 年，Yew Chye 獲得隸屬於 E-Global 獎，由 CommerceNet Singapore 認可的「2004 年 Emerging Enterpreneur」獎。2005 年，Yew Chye 被選為「精英 EDB 學會 EXCO 委員會」會員與副祕書長，並繼續擔任董事會成員。他同時也是 EDB 學會，以及史丹福大學校友會（Stanford University Alumni）的終身會員。

Yew Chye 十分熱衷於在年輕族群裡推動企業精神。2005 和 2006 年，他服務於新加坡「東北社區發展委員會陪審團」（Panel Judge for the North-East Community Development Council），以提升青年人的企業精神。他也推動了安德生初級學院（Anderson Junior College）「青年人企業精神方案」（Youth Entrepreneurship Scheme, YES）的創立，並繼續擔任其輔導員。2006 年，他協助 Faber-Castell Akademie 在新加坡的創立，這是一家有二百四十五年歷史的德國集團之分公司。

Yew Chy 的終生興趣在於「人類的學習」，這讓他獲得了美國

批判思考基金會（Foundation for Critical Thinking）「批判思考的教學與學習入門」（Introduction to Critical Thinking for Instruction and Learning）的認證；該基金會是一個在思考技巧的教學上，居於領導地位的國際組織。Yew Chye 也獲得 Wide World ／美國哈佛大學（Wide World／Harvard University）「多元智能在教室中」（Multiple Intelligences in Classroom）的專業認證。Yew Chye 目前正接受由英國 Greenwick 大學、Tan Tock Seng 醫院，以及英國高級及繼續教育鑑定委員會（British Accreditation Council of Higher and Further Education），在「臨床催眠」（Clinical Hypnosis）專業發展的認證。

Yew Chye 是 Centre for Cognitive Technologies（CCT）的創辦人兼執行總裁。該機構在新加坡是專門進行訓練諮詢的研究單位，他們專門從事認知與行為技能訓練，並以此來增進人類的潛能與表現。CCT 也是台灣以心理測驗與教育出版品為領導專業的心理出版社的姊妹公司。

譯者簡介 ————————

■ 林琬婷

學歷：國立中央大學英美語文學系學士

國立中興大學中等教育學分班結業

經歷：台中市大德國中代課教師

台中市潭秀國中代課教師

現職：桃園市福豐國中英語教師

■ 林敬堯

學歷：國立中興大學法商學院社會學系社會工作組學士

經歷：心理出版社企劃經理

現職：心理出版社副總經理兼總編輯

推薦序

　　考試是學生生活中很重要的部分，年輕人要在學校中努力考高分，就好像成年人在社會中努力得到好工作一樣。當學習只為了通過考試，顯然並不是健康的態度，但父母親總是不知不覺地傳達出他們對於子女的高度期待，反而增加了他們的焦慮。許多孩童在學校的表現上會很快造成考試焦慮的心理狀態，特別是當面對他們的考試分數時。

　　就像這本書所指出，焦慮是一種普遍的心理現象，本質上不必然是有害的；書中也提到焦慮本身不到極端程度時都屬正常，甚至都還算是健康的，而最糟的情況是，焦慮會導致精神官能症候。健康的焦慮類型也許在人類進化的起源上是為了生存而產生，然而，不健康的焦慮類型很可能是情緒混亂的結果，以致產生長期表現不佳與退縮的態度。

　　考試焦慮是一種心理狀態，可概括歸納為正常型態與神經過敏型態；一般人都關心神經過敏或極端的型態。所以，關於考試焦慮，我們首先必須學習理解考試焦慮的正常型態與極端型態的差別。

　　其次，我們需要經由症狀的仔細分析，了解這個狀況的嚴重性。正如臨床心理學，在施行任何治療之前，必須確認考試焦慮基本結構的特殊狀況。

　　考試焦慮的整個對話與治療的過程，是非常學術性的，且植基於心理學理論，諸如心理分析、行為治療、認知治療、現實治療等。

因此，心理抑鬱的最佳處理技巧，普遍都認為最好具有如同心理學家或精神病理學家的專業能力；而父母及老師也需要相關的知識或技巧，以幫助他們的孩子或學生克服這個問題。

但現實往往不如預期，不少父母或老師也許在不知情的情況下成為這些問題的根源。因此，他們也可以扮演一個提供戰勝考試焦慮解決方案的重要角色。

這本《戰勝考試焦慮》的優點，在於它是一本實用手冊，它提供給父母及老師需要的知識和技巧，來協助他們的孩子以及學生幫助自己。具體而言，考試焦慮代表什麼？藉由清楚、簡易的文字及生動的圖表，新加坡學者張有才（Teo Yew Chye）為天下的父母及老師，提供了幫助孩子幫助自己的法門。

這本書另一個特別的價值是，它所提供的許多活動計畫，例如：傳統的「理性情緒行為治療法」（Rational Emotional Behavioural Therapy, REBT）以及後現代的「敘事治療」（Narrative Therapy），本來深奧難懂，作者以圖解方式作生動的說明，深入淺出，令人印象深刻。還有其他有效合乎科學的技巧也包含在內，作者均能以容易理解的方式來說明，例如：為了處理考試焦慮而使用的兩階段行動計畫、給父母親和老師的自我檢核方案、一則具啟發性的故事，以及其他後續活動等。

這本富於技巧的書也指導學生如何擬訂讀書計畫、如何使用呼吸調節來放鬆、如何戰勝負面思考、如何使用定格技巧、如何透過練習來增進考試技巧等。既符合科學原理，又有實用的技巧設計，確有助於父母及老師幫助孩童戰勝考試焦慮。

本書作者是一位懂得如何將理論應用到實務上的心理學家，同時將它變得有趣且很容易理解。在本書中，迷人的插畫是如此的活

潑且切入重點，而譯者也能充分掌握原意，譯文符合信、達、雅的要求，閱讀本書可說是一種享受。我相信本書對於有心幫助孩子克服考試焦慮的父母或老師，是非常有幫助的，故特別在此加以推薦。

吳武典

國立台灣師範大學特殊教育名譽教授

世界資優教育協會（WCGTC）會長（1993-1997）

2007 年 8 月 30 日

獻辭

這本書要獻給世界上所有默默承受痛苦的兒童與青少年，他們常常誤解「考試焦慮」的心理狀態。我們希望並祈禱，透過這本書，能讓父母、老師及學生們，能夠更緊密的一起努力，讓學習更加有趣、更有效率。

這本書如果沒有下列這些人的仁慈與慷慨，是不可能完成的，他們以不同的形式奉獻他們的時間、努力和專業知識。

在此特別感謝 Agnes Chang 教授及 Russell Hawkins 教授，謝謝他們所分享的高水準專業知識。

還有一些教育家，如 Tan Yee Kan 先生（Yishun Town 中學校長）、Ang Pow Chew 先生（新加坡教育部教育科技處專業發展與諮詢副主任）、Susan Leong 女士（Anderson 專科學校校長）、Low Chee Moon 女士（Clementi Woods 中學校長）、Phyllis Chua 女士（Tanjong Katong 女子學校校長）、Low Eng Teong 先生（Victoria 學校校長），以及 Adrian Lim 先生（Ngee Ann 中學副校長），他們允許我們經年累月地蒐集實用的資訊，來挑戰學生，以面對他們快速變遷的世界。

另外，吳武典名譽教授（台灣師範大學）及林敬堯先生（心理出版社副總經理兼總編輯）二位，對我專業的支持及友誼，在此也表達誠摯的感謝。我真誠的感謝下列這些來自東西學習公司（East-West Learning Enterprises）的朋友，他們給與我最親切的支持：

Edwin Mok 先生、L. Dason 先生、Ju Xinhang 女士、Margaret Goh 女士、CD Liang 先生，以及 Kathleen Tan 女士。

　　最後，這本書要獻給我最親愛的 Nicole Teo Hui Ying，她是我快樂和生活意義的來源。

Teo Yew Chye

前言

這本書為何特別？
如何使用本書呢？

這本書很獨特，因為有以下幾個原因：

- 它不但為父母及老師而寫，更是為孩子或
  學生而寫。
- 它很好玩。
- 它運用了語言技巧的學習。

這本書不但為父母及老師而寫，更是為孩子或學生而寫

　　這本書在本質上也許不只是為了父母和老師所寫的，也不是考慮只為孩子或學生所寫，更確切的說，它不但為父母及老師，更是為孩子或學生而寫，讓他們能一起面對克服考試焦慮的挑戰。

　　教育學家和心理學家長期意識到，多數的年輕人面對諸如考試焦慮的問題時，並沒有心理或情緒方面的資源，甚至沒有經驗去面對這樣的問題，更不用說去克服它。

　　因此，父母和老師能成為他們的夥伴就很重要了。然而，父母對於自身角色的限制過於掙扎，其實很簡單，只要像朋友一樣就好，畢竟沒有所謂的「父母教養子女的大學」。事實上，大多數掙扎於

只想要當好父母的我們，會希望自己可以做得更好，或期望擁有可以幫助孩子們，任何可靠且容易理解的資源。

這就是為什麼我們著手進行此自助系列的書。書本是「跨越作業簿」（Bridging Workbooks）的橋樑，希望能協助跨越父母與孩子，以及老師與學生間的心理隔閡。我們相信，父母、老師和學生將會發現這本書是很有用的，並且可以幫助他們建立有效的夥伴關係。我們深信，它將幫助父母和老師履行已經做了但有時候會忘記的諾言——在精神上和實務上與他們的孩子或學生相伴。

這本書很好玩

輕鬆愉快的主題治療，例如考試焦慮能幫助事件提出適當的觀點。利用滑稽的卡通、可愛的動物和人物角色貫穿全書的設計，不只是孩童或學生，連大人都能會心一笑。

這種好玩的方式，使學習更加有趣，並且讓父母、老師和學生都學會重要的心理原則和技術，而不會讓他們不知所措。

這本書運用了語言技巧的學習

市面上許多引發動機的教材都很好，都有很多有益的建議，但通常缺少教導技巧。這本書富含技巧，並有一些能夠立即應用的技術。本書分成三個部分：

第一部分　瞭解考試焦慮

第一部分的解釋能讓你瞭解，心理現象之一的考試焦慮，有何重要觀點。這部分能先給與父母和老師們在接下來的第二及第三部分，需要執行的簡單技巧上的一些基本知識。

第二部分　一則具啟發性的故事

第二部分是一則有關孩童遭受考試焦慮的故事，並且根據這個故事提供有用的活動。經由講故事和卡通漫畫，父母、老師和學生能學會辨認考試焦慮的徵兆，並且知道孩子是否被這些狀況所折磨。

第三部分　技巧和後續活動

這本書的成效並非在書本中，而是在您放下本書後，您仍然能從許多簡單的技巧獲益，而且在本書的最後部分，您會發現仍能持續使用那些技巧。

有一些技巧在這裡先介紹一下：從簡單的呼吸技巧幫助孩童放鬆，到使用解釋風格來幫助孩童去管理他們思考中的消極面。

這本書不是為了閱讀，而是為了被使用，您能夠在上面書寫，在空白處做筆記，或利用本書和孩子一起戰勝考試焦慮。

讓我們一起擊倒考試焦慮吧！
我們一定能夠聯手戰勝它！

Teo Yew Chye

瞭解考試焦慮

PART 1

幫助學生克服考試壓力

一、何謂考試焦慮？

考試焦慮：

· 是孩子或學生過度恐懼的一種心理狀態。

· 會導致孩子或學生的表現很糟糕。

· 可經由孩子或學生應試前的文字或感受而被診斷出。

考試焦慮是孩子或學生因過度擔心或害怕他在考試中的表現，而受到煎熬的一種心理狀態。換句話說，它是孩子或學生因預期到某種負面的事物即將降臨到身上，而不管是真實或想像的，其所體驗到懼怕或緊張的感覺。然而，對有考試焦慮的個體而言，這些憂慮和恐懼都是非常真實的。

一個有嚴重考試焦慮的人想達到某種成果時（例如：好成績），卻會十分害怕他無法達到。考試焦慮反映出了一個目標導向的特質。

做為一種普遍的心理現象，焦慮是幫助我們存活下來的人類特質，它創造了一種不適的水平，驅使我們去採取某些行動的方式。例如：藉著焦慮來幫助我們避免受到傷害，使我們能逃離危險、對抗攻擊者，或從戰友中尋求支援。藉著焦慮的形式，在我們的內心建立起謹慎和憂慮，大自然增進了我們在難關和危險困境之下存活

的可能性。

在今日的世界裡，雖然極度的焦慮對我們身為一個物種的生存而言，可能不再是必要的，但它們仍舊有一部分保留在我們的生物學中。有些焦慮可以是健康且保護生命的，然而某些焦慮有可能是不健康且具有毀滅性的。

在本質上，健康的焦慮是植基於現實或理性恐懼上的憂慮，就像過馬路害怕被車子撞到，所產生的恐懼一樣。另一方面，不健康的焦慮是根源於不切實際或不理性的恐懼，就像害怕其他人的反對一樣。這種恐懼是由對他人凌駕於我們的力量有誇大程度的傾向所導致的。

根據理性情緒行為治療法（Rational Emotional Behavioural Therapy, REBT）的創始人 Albert Ellis 教授的理論，焦慮的確是理性的、不切實際的，或誇大思考的一種形式。

這種焦慮會表現在一個人所說的話上面，或是透過那個人在考前一段時期內，所呈現出來的行為跡象上面。有少許的焦慮，就像多一個警報一樣，是好的；然而過度的憂慮和恐懼，卻可能會導致在考試中的表現更為糟糕。

研究箴言

美國教育部撥款贊助了一項經過控管的研究，而這項研究發現，受訪的十年級生（大約 15 歲）中，超過 55％的學生都曾體會高層次的考試焦慮。

這個研究也發現，女生體會考試焦慮的程度可能是男生的兩倍。當同一群學生被要求畫出他們對考試焦慮的感受時，有 65％是負面的形象，另外 17.5％則將他們自己描繪成不成比例的小，或隱含著被排擠的圖像。更有 3％在他們的繪畫中展現出自殺的意念，而另外 13.8％則將大人描繪為對他們有助益的。

而在另一份由 HeartMath 開發協會（Institute of Heart-Math）所公布的，由三至十二年級（8 到 17 歲）之間的學生所參與的研究中，學生的測驗分數因高度的焦慮而變糟。該協會研究人員建議，當孩子們在更小的年紀經歷逐漸增加的壓力強度時，他們應在早期的學校生活中，學習如何處理壓力（Freeze Frame, 1998）。

2006 年 5 月，在新加坡由筆者所主導的一項非正式的研究中，要在一個被視為典型的社區學校中查明焦慮的強度。筆者使用了考試焦慮量表，該項研究顯示在整體水平（大約二百五十位中學四年級學生，年齡約 16 歲）之中，有高達 68％的學生顯示出中度至高度的考試焦慮度。這和 2004 年於新加坡的一所女校所操控的另一項非正式的研究結果是一致的，在這項研究中，有大約 60％的學生呈現出中度至高度的考試焦慮度。

在菁英輩出的新加坡，測量及蒐集資料的工作正持續努力進行，而這些資料的內容正是有關考試焦慮如何折磨這些學生。到目前為止的實驗性調查結果似乎顯示：在高風險的考試中，考試焦慮的確特別的廣泛。

二、考試焦慮是如何引起的？

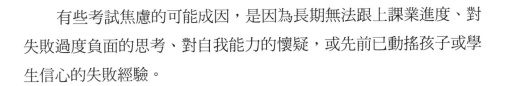

考試焦慮的成因包括：

· 跟不上課業進度。

· 害怕失敗。

· 來自先前失敗經驗的創傷。

· 與家庭相關的問題。

· 父母親負面的評價和批判。

有些考試焦慮的可能成因，是因為長期無法跟上課業進度、對失敗過度負面的思考、對自我能力的懷疑，或先前已動搖孩子或學生信心的失敗經驗。

有時候，孩子或學生可能因為家庭方面的因素而形成考試焦慮，例如：父母間的吵架、經濟上的困頓、來自雙親、朋友或學校過度的壓力，或手足之間的競爭等等。

根據研究的調查結果顯示，導致考試焦慮的其中一個重要因素是，當父母親對孩子在考試情境中的表現傳達負面訊息，而引發孩子內心負面及痛苦的感受（見下頁「研究箴言」，有更詳細的解說）。

不論原因為何，做為一個家長或老師，若您可以將這個問題在萌芽之初就加以杜絕，都是令人興奮的好消息。

研究箴言

研究建議：親子關係的品質是促成考試焦慮開端的一項因素，而它早在人格特質正在發展的學齡前期間就開始了。

Sarason（Sapp, 1999）主張，當一個孩子的表現不符合父母親不切實際的期望，且當父母親對處於考試狀態下孩子的表現傳達出負面的訊息時，考試焦慮就會發生。

孩子體會到父母親的負面評價和批判，並將其當成敵意和罪過；這種長時間的累積會變成「情感的碎片」（情感的脆弱），有時也會被指為「未竟事宜」。根據心理學家的說法，像這種未被表達出來感受的未竟事宜，會被聯想到孩子的失敗，且會以焦慮、罪過、悲傷、痛苦等形式呈現。

儘管這些證據是將考試焦慮的來源置放在父母親的肩上，父母親仍然能夠藉著提供孩子情感上的支持，以教導孩子管理考試焦慮的能力就存於他自己的內在，因此在考試焦慮的影響上父母仍然扮演一個重要的中立角色。

研究建議了四點父母親教養的實施原則（Sapp, 1999），它們能幫助孩子增進學業成功，以及減低考試焦慮的可能性。

原則一：有意識地接納教養哲學，是專注於讓孩子朝著自我實現來教育。

原則二：展現真誠，例如：藉著傳達即使是父母親也會犯錯，而犯錯是沒有關係的。

原則三：接受孩子是獨立的個體，且向孩子表示你的關懷。

原則四：準備好反映及討論孩子的感受，若無法每日進行，也必須以定期為基礎。

三、為何您該正視考試焦慮？

考試焦慮可能會導致其他問題，例如：

- ·沮喪。
- ·對生活失去興致。
- ·失去自我價值。
- ·社交恐懼。

　　雖然考試焦慮普遍存在於年輕學生中，但假如置之不理，則會導致更嚴重的問題。

　　它可能導致一個孩子或學生不想上學，或引發過度悲傷或沮喪的情緒、失去對生活的興致和熱誠，甚至導致自殺的念頭。

　　考試焦慮有可能會導致更進一步的複雜問題，例如：自我價值的喪失或社交恐懼，孩子或學生會因此對社交互動產生高度的焦慮或恐懼。

四、考試焦慮如何影響學業表現？

「有一種與焦慮相關連的特定生理機能，它會藉著破壞解決
　問題、抽象思考及召喚記憶所需的認知過程，而阻礙學習
　和表現。」

Rollin McCraty 博士

HeartMath 開發協會研究主任

簡而言之，考試焦慮造成了先前提過的，如「情緒干擾」和「心理障礙」的問題。它就類似一個即將發表一場公開演講的成年人所可能面臨的情緒，當他變得十分焦慮時，就會體驗到心理上突然「當機」（black-out）的狀態。

焦慮創造了一種「雜音」或「心理的靜止」，而它會損害理解和推理的能力，且阻礙大腦從已儲存的記憶中檢索資訊的能力。在考試時，學生會經歷到回想記憶中已學過內容的困難、專注於手邊工作的困難，或瞭解並回答問題的困難。這就類似於電腦的硬碟當掉，花了力氣卻得不到任何成果。

有些心理學家則主張，短期的壓力可促進腎上腺素（當身體遭受壓力時所分泌的一種激素）的驟升，而它會對增強表現有所幫助。

研究箴言

根據一份HeartMath開發協會的研究報告，在考試焦慮與考試表現之間存在著強烈的負面關係，意思是高層次的考試焦慮等同於不良的考試表現。

在一份研究中發現，考試焦慮程度高的學生，其數學及英語的標準化測驗得分，比考試焦慮程度低的學生平均要少15分。

這項發現與檢驗考試焦慮與學業表現之間關係的文獻相符。在 Hill 和 Wigfield（Sapp, 1999）所做的五年期的縱貫研究中，七百個來自中產和勞工階級的國小學童，被當成研究考試焦慮對於跨時代學業表現所造成的衝擊對象。從這些學童所獲得的考試焦慮測量〔例如：兒童考試焦慮量表（Test Anxiety Scale for Children, TASC）〕研究中發現，考試焦慮與其成就相互負向的影響著。換句話說，這些學生在考試焦慮測量上的得分愈高，他們的學業表現就愈差。

有趣的是，這些負面的相互關係在整個國小期間漸漸增加，而在國中和高中學生之間明顯變強，且跨越了泛種族及社會背景。

然而，南佛羅里達大學的神經科學家David Diamond博士發現，當壓力被引入學習橫渡水中迷宮的老鼠身上時，就好比讓老鼠在近距離看著一隻貓，老鼠學習迷宮的能力會因壓力因素而降低。這似乎是被貓吃掉的恐懼，導致老鼠學習和回憶的能力嚴重下滑！

同樣的，考試中的學生可能發現即使經過幾週或幾個月的準備，仍難以記起他們所學過的內容。對於失敗的恐懼，會造成他們的記憶被「鎖住」（locked），而導致召喚失效。這不幸的結果似乎遵照著以下這張圖所闡述的過程：

| 焦慮的感受 | ▶ | 心理雜音的上升 | ▶ | 大腦迴路，包括注意力、學習、聚焦和回憶的超載 |

研究箴言

負面的感受像是挫折、怒氣和焦慮，會使我們的大腦和神經系統之間產生不協調，這種失調會使我們無法清楚的思考。

事實上，在壓力之下，心理所需要的變化過程愈純淨，比如抽象的推理能力、記憶回想或理解，心理和身體所表現惡化的程度就愈大。HeartMath開發協會研究主任 McCraty 博士說：「瞭解焦慮如何負面的影響心理和身體表現的關鍵，就在於瞭解情緒如何在我們的神經系統中影響著規律的活動。」

（資料來源：www.HeartMath.com）

五、應付考試焦慮的「兩階段行動計畫」

步驟 1：傾聽和觀看

1. 傾聽孩子或學生在考試之後說了些什麼，
   他是否提到在考試期間，他：

- 經歷心理上的「當機」狀態。
- 無法專注於閱讀問題。
- 無法理解問題的意涵。
- 無法集中注意力回答問題。
- 可能在考試後知道答案，但考試時卻不知道。
- 即使準備充分，但對在考試中的不好表現有循環性的恐懼。

  問孩子或學生以下這些問題：

- 考試時，你在想些什麼？你的內心掠過了什麼念頭？
- 考試時，你會擔心嗎？擔心什麼？
- 考試時，身體的感覺如何？你會流汗嗎？胃會不舒服嗎？
  會頭痛嗎？會感到害怕或緊張嗎？
- 考試的前一晚睡得如何？

‧考試前或考試期間變得緊張或覺得害怕嗎？

‧你在考試的前一晚似乎知道答案，但在考試時卻無法想起來嗎？

‧你花多少時間念書來準備考試？

‧你需要更多的時間來完成考試嗎？

2. 尋找孩子或學生可能呈現的身體徵兆，例如：

‧作嘔。

‧頭痛。

‧口乾舌燥。

‧暈眩。

‧肌肉緊繃。

‧心跳加速。

‧食慾不振。

‧過度流汗。

‧呼吸急促或氣喘。

‧胃絞痛而經常上廁所。

3. 如果孩子或學生很努力的準備每一次考試，卻總是以糟糕的結果收場，這就是他可能患有考試焦慮的一項指標。

4. 傾聽孩子或學生可能做的負面陳述，像是：

‧以「我」陳述　　　　*我是如此的笨。*

‧以「總是」陳述　　　*我總是考得很糟。*

‧以「每件事」陳述　　*沒救了，我就是不會念書。*

 人們對於解釋他們所經歷的逆境有種習慣性的方式，心理學家 Seligman 創造了「解釋風格」（Explanatory Styles）一詞，來描述當事情出錯時，人們投入思考的連續性。

「解釋風格」有三個面向（Seligman, 1998）：

・個人化（「我」或「非我」）：意指我們是否能察覺到正被我們自己或他人或他物所引起的逆境。

・永恆性（「總是」或「非總是」）：我們是否認為它會再復發。

・普遍性（「每件事」或「非每件事」）：它是否會影響到我們生活的其他方面。

藉著仔細傾聽孩子或學生使用個人化、永恆性及普遍性等三個面向所作的陳述，我們可以觀察到他們的信念系統，且判定他們有樂觀或悲觀傾向的程度。

心理學家已發現「我－總是－每件事」的陳述十分令人憂心，因它們傾向於暗示更嚴重問題的開始，例如：慢性憂鬱症。

我們將會在本書的後面更詳細的探討「解釋風格」。

步驟 2：當孩子的夥伴

學習去尊重孩子或學生對這些恐懼或憂慮的感受，是一個好的開始，當您可能對孩子或學生的成績感到失望時，施加更多的壓力或脅迫只會使情況更糟。相反的，應考慮採取以下的步驟：

1. 提供您的支持，讓孩子或學生知道您不會將重點放在結果上，而會更關切於幫助他們克服這些難題。告訴他們，您會以團隊的形式合作，來解決這個困難。

2. 和孩子或學生一起努力度過難題，因為孩子或學生可能會覺得，他們無法改善這個狀況。事實上，他們有許多事可以做，但孩子或學生可能覺得獨自去做，會遭遇失敗，而需要您的幫忙。

　　在這本書的第二部分和第三部分，您將會發現一些可以用在孩子或學生身上的點子和活動學習單。藉著一起完成這些活動，您將會為了成為孩子或學生長期的夥伴，建立有效的基礎。

六、給父母親和老師的自我檢核方案

在您繼續進行之前,身為父母或老師的您,如果能先進行以下的自我檢核將會更有幫助。這項自我檢核的目的,在確認您是否明白自己的期望。

坐下,並問自己下列的問題:

· 我對孩子說話的方式是否增加了他們對考試表現的焦慮呢?

_____

_____

_____

_____

· 我是否曾對他們用「我-總是-每件事」的陳述呢?
 〔例如:你總是考不好(「我」陳述──將「我」認定為孩子),不論你多麼用功(「總是」陳述),你就是對念書不行(「每件事」陳述)。〕

_____

_____

_____

_____

・如果您是家長：

我可以改變家中的任何事物，以減緩孩子可能承擔的考試焦慮嗎？

（例如：不在孩子面前打架或爭吵、與孩子分享您的財務狀況等等，這將會改善您已經採取的步調，諸如此類。）

_____

_____

_____

_____

一則具啟發性
的故事

PART 2

一、前言

在第 20 到 22 頁，您將會發現一則關於為考試焦慮而痛苦的孩子的故事，而在第 23 到 40 頁是以這則故事為基礎的活動學習單，這些學習單您可以用在您的孩子或學生的身上。

這則故事和活動將會幫助孩子：
- 瞭解負面的想法如何讓人難以面對考試。
- 確認考試焦慮心理和生理兩方面的徵兆。

透過說故事的方法來看待事物，會幫助孩子或學生以第三者的觀點去觀察事情，而這或許能幫助他們預防「防衛性」的行為。

如果您的孩子或學生小於 12 歲，您可能希望以小組的方式一起來閱讀故事且回答相關的問題。假如孩子或學生較想一個人閱讀故事的話，那也可以，只要您能在之後和他們聊一聊。

找一個舒適的地方，和孩子或學生坐下來，然後一起分享這則故事。

故事可以被用來確認孩子的感受、行為、慣性思考、信念和承擔，說故事可以幫助孩子思考新的訊息或選擇性的觀點及展望。

研究箴言

說故事對孩子們而言，是一種熟悉的溝通方式，它提供一個機會，讓孩子們以適當發展的方式，描述自己的經驗、想法和感受。

透過說故事的方式，孩子能夠讓我們對他們的世界有深入的瞭解，就如同找到一個能將他們內心的形象和意念具體化的方法。

透過說故事的方式，大人可以找到一個機會以不具批判的方式，間接的挑戰孩子的承擔和信念，引導孩子瞭解積極的認知技巧，且利用故事來塑造所渴求的行為。

做為一種治療方法，說故事可以形成一個孩子能具備全部認知行為技術中的一部分。

二、在城市中的生活

　　閱讀以下這篇故事，以一些單字填入空格，它會變成一則關於你的故事。

　　在亞洲一個繁忙城市的某處，一位年輕的＿＿＿＿＿＿＿（女孩／男孩）剛從學校回來。

　　＿＿＿＿＿＿＿（你的名字）放下＿＿＿＿＿＿＿（他的／她的）沉重書包，跌坐在椅子上。又是一年中，每個孩子必須為最重要的考試做準備的時期。這考試是如此重要，以致於每個孩子的父母都很擔憂，而＿＿＿＿＿＿＿（你的名字）家中的情形並無不同。

　　＿＿＿＿＿＿＿（你的名字）對這個時期＿＿＿＿＿＿＿（他的／她的）爸爸慣常的訓話感到畏懼。果真在一次家庭的用餐時間，＿＿＿＿＿＿＿（你爸爸的姓氏）先生用嚴厲的口氣說：「＿＿＿＿＿＿＿（兒子／女兒），我知道你將在兩個星期後參加一個重要的考試。我知道你**總是**考不好。」＿＿＿＿＿＿＿先生又說：「**不管你多**麼用功還是你念了什麼，你**仍然**表現得不好。我期待的並不多，

但你要去試試看，試著別再考不及格了。你知道別人會笑你考不好嗎？我不知道你是出了什麼問題。」_____先生說著，絕望的舉起他的雙手，說：「我真想放棄你！」

即使_____先生說這樣的話已經不是第一次了，但還是很傷心。這些話會在_____（你的名字）的耳朵裡徘徊不去，反覆迴響好幾天甚至好幾週。_____（他／她）所能想到的就是，如果_____（他／她）又考砸了的話，爸爸會如何的失望。這令_____（他／她）十分緊張。

「或許爸爸說的是真的，或許念書和通過考試都不是我所擅長的事。爸爸也許是對的，我什麼都辦不到。」_____（你的名字）對_____（他自己／她自己）嘆了一口氣。

隔天當_____（你的名字）正走路上學時，兩個星期後重要考試的念頭使得_____（他的／她的）心感到很沉重，且胸口緊繃。_____（你的名字）記起過去每當考試接近時_____（他／她）有著何種感覺，每年都是相同的情形。每次_____（他／她）想到考試，失敗的恐懼會使_____（他的／她的）心跳加速。_____（他／她）會冷汗直流，且感覺胃很不舒服。在考試的前幾天，_____（他／她）會因胃部不適而不斷進出廁所。

　　即使是＿＿＿＿＿＿（他／她）媽媽所準備最美味的食物，也無法引起＿＿＿＿＿＿（他／她）的食慾。

　　當考試的這天來到，＿＿＿＿＿＿（你的名字）會覺得很緊張，＿＿＿＿＿＿（他／她）會發現光是持續坐著和仔細閱讀考題都很困難。即使＿＿＿＿＿＿（他／她）一再反覆閱讀，＿＿＿＿＿＿（他／她）仍然無法瞭解考題在問些什麼。＿＿＿＿＿＿（他的／她的）腦子一片空白，而且＿＿＿＿＿＿（他／她）無法記得任何之前＿＿＿＿＿＿（他／她）所念過的東西。失敗和恐懼、令家人蒙羞的念頭充滿著＿＿＿＿＿＿（他的／她的）內心。

　　一陣難過和挫折的感覺油然而生⋯⋯

三、活動

活動 1　完成這篇故事

請以你所認為的結局來完成這篇故事
（如果需要，你可以請大人幫忙）。

_____

_____

_____

_____

_____

_____

_____

_____

你能解釋為何你選擇這樣的方式做為故事的結局嗎？

活動 2 將這個故事畫出來

在一個繁忙城市的某處……

戰勝考試焦慮
幫助學生克服考試壓力

現在，請為這個故事畫一個美好的結局。

26

活動 3　識別想法和徵兆

寫下一些考試焦慮的徵兆。

　　再讀一遍這篇故事。這一次，將所有讓故事中的主角對自己感到不適的負面文字或陳述，用**紅色鉛筆劃線**。

　　那個小男孩／小女孩對考試不好的感覺，告訴了你一些身體的徵兆為何？將那些文字用**綠色鉛筆圈出來**。

心理的徵兆

生理的徵兆

你現在正感到考試焦慮嗎？**是／否**（選一個）

如果「是」，你能描述它對你所造成的感受，以及心裡有何想法？你能說出，為什麼你感到考試焦慮了嗎？

_____

_____

_____

_____

_____

_____

_____

_____

如果「否」，你能描述你的感覺，以及心裡有何想法？你能說出為何你並沒有像其他同學一樣，有考試焦慮的痛苦嗎？

活動4　考試前你的感覺是什麼？

將卡通人物著色以描述你的感受。

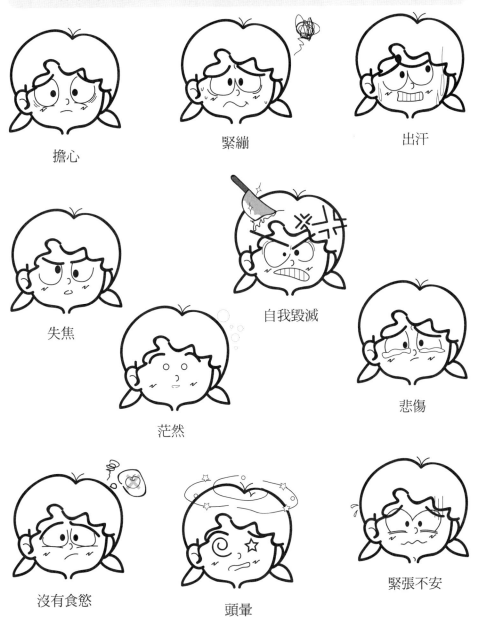

擔心

緊繃

出汗

失焦

自我毀滅

茫然

悲傷

沒有食慾

頭暈

緊張不安

口乾舌燥

突然「當機」（暫時失去知覺）

頭痛

顫抖

肌肉緊繃

嘔吐

胃抽筋

疲勞

呼吸急促

心跳加快

活動 5　畫出你的憂慮和恐懼

畫出一個場景是關於你在面對憂慮和恐懼時的情況。在心頭浮現的負面想法是什麼？它如何左右你對自己的感受？使用「想法泡泡」將你的想法和感受添加於圖畫之中。

利用這一頁，以圖畫說明你在學校中體會到考試焦慮時的場景。

活動 6　一個救援的幫手

畫出另一個場景。這一次,畫面中要包括父母或老師協助你打擊考試焦慮時的景象。

活動 7　思考好的想法

列出一些當你的父母或老師協助你面對考試焦慮時，你可能擁有的好想法。這些想法讓你有什麼樣的感覺？

_____

_____

_____

_____

_____

_____

_____

_____

戰勝考試焦慮
幫助學生克服考試壓力

技巧和後續活動

在幫助孩子或學生使他們相信，他們能在您的協助下戰勝考試焦慮這件事上，您可以扮演一個很重要的角色。秉持這種積極的奮戰精神，在您幫助孩子或學生克服已知的「習得的無助感」的心理狀態時，是很重要的。

習得的無助感是一種有害的心理狀態，它是孩子或學生從他所無法改善現況的一連串事件當中所習得的；不久之後，孩子會開始相信事情是無望的，且發展為「習得的無助感」。

藉著小組運作且同時發展出行動計畫，孩子或學生和您在面對克服考試焦慮上，就能夠發展出更積極的態度。

然而要注意的是：父母與孩子或老師與學生之間，應該一起發展這項行動計畫，而孩子或學生應該對解決方案有某種程度的控制權。

習得的無助感：
· 是孩子或學生認為他們對改變現況無能為力的一種心理狀態。
· 導致孩子或學生放棄或陷入無助感。

研究箴言

1980 年代，著名的心理學家 Martin Seligman 教授首次發現「習得的無助感」，這與人們一旦瞭解無法控制自己的狀況時，有放棄的傾向有關。

以狗和老鼠等動物所作的創新研究顯示，當這些動物在企圖停止電擊或干擾的執行反覆失敗時，會導致絕望狀態的發展。

Seligman 教授表示，一個人不論樂觀或悲觀都視下列三方面而定：

• 個人化（「我」或「非我」）。
• 永恆性（「總是」或「非總是」）。
• 普遍性（「每件事」或「非每件事」）。

這些用來解釋一個人如何習慣性地面對逆境的模式，被稱為「解釋風格」（explanatory styles），Seligman 在其《樂觀的孩子》（*The Optimistic Child*）一書中，提倡教導小孩子掌控其解釋風格的需求。

一、如何擬訂讀書計畫

孩子或學生可能需要一些引導才能提出一個可行的讀書計畫，雖然大部分的孩子或學生都瞭解必須有組織條理，才能將事情做好，但他們經常缺乏這樣的內在訓練。當然更多的孩子或學生可能相當樂意自行製作訂定計畫，但給與他們一些協助，他們可以做得更好。

以下是一些引導孩子或學生規劃自己讀書計畫的簡易步驟，建議最好是在每年或每學期之初就擬訂完成：

步驟一：使用簡單的一週時間表。

步驟二：填入所有學校課堂和課外活動所需的時段（例如：補習班、才藝班、嗜好等等）。

步驟三：粗略地估算花在做功課、複習或休息所需的時間。有一個必須牢記的重要原則，就是要規律的，甚至每天都按時複習學校的功課（即使一天只花一個小時），這會比只在考前花很多時間讀書來得更好。

假如把考試的準備留到最後一刻，會讓孩子或學生更難以克服考試焦慮。

步驟四：對孩子或學生信守計畫的行為，同意給與定期的獎賞，例
　　　　如：孩子或學生如果能每個月信守承諾且表現得很負責，
　　　　可以事先讓他們預約一個獎賞日（Reward Day），例如到
　　　　海邊、電影院或動物園渡過一天。

　　試著避免直接以金錢做為獎賞的行為，研究顯示長期使用金錢
獎賞的方式，一旦被取消後，就會導致學習動機的降低。合理的獎
勵應該以非金錢性的利益為主，例如一次家人建立良好家庭關係的
機會，或者可以去海邊、看電影、特別的午餐，甚至是在公園野餐
等諸如此類的活動。父母或老師全心的關注和愛，對孩子而言，會
是最棒的獎勵！

二、如何讓讀書變得有趣

　　身為父母或老師，您可以選擇讓讀書變得更有趣。目前市面上充斥著教育相關的遊戲與軟體，要讓學習變得有趣，應該不是一件難事，最重要的是父母和老師要參與其中。無論是藉著玩拼字遊戲（Scrabble）來增進字彙，或使用優質的教育軟體來促進對學科的理解，都能讓孩子或學生享受趣味的學習。

　　陪伴孩子或學生一起讀書，尤其是透過遊戲，是幫助孩子或學生在學習上免除壓力的最佳方式。它傳遞出一種簡單卻有力的訊息——學習是可以很有趣的。

　　儘可能提早使用趣味取向的學習，因為研究發現，考試焦慮早在小學時期就被引發出。假如孩子或學生能將學習和正向的感覺聯結起來，他們就比較不會體會到考試焦慮。

　　此外，藝術也是極佳的工具，它能幫助孩子或學生針對情境，發展出更好的洞察力、培養多樣化的思考技巧、獲取社交智能和個人自覺，也能被用來戰勝考試焦慮。

　　藝術療法利用藝術創作的過程，來改善並提升身體、心理和情感上的幸福感，表達性藝術療法已被用來幫助各年齡層的個體。藝

術療法是植基於一種信念：藝術自我表達的創作過程，能幫助人們解決衝突、培養人際技巧、減少並妥善處理壓力、增進自尊心，以及自我概念。透過藝術，個體能增加他們對於一個情境或事端的洞察力和判斷力，並克服創傷的經驗。換句話說，藝術是既有療效且豐富生命的。

長久以來的研究顯示，我們的精神生活幾乎都是由視覺思考（視覺圖像的運用，使議題概念化）所組成的。根據心理學家的說法，當一個人在繪畫時，他正在從事視覺思考。

藝術創作是一種把我們內心想法具體化的方式，否則就是無法使用的概念；藉著結合藝術和意象的運用，一個人可以達到豐富的洞察力和藝術家在關注一項議題時的心理狀態所傳達的訊息。

視覺表達在歷史上持續以一種治療形式被運用，但直到1940年代，被視為正式研究領域的藝術療法才問世。數十年間，藝術療法已被運用在治療許多精神和情緒性的疾病，範圍從嚴重的心理疾患（例如：情感性精神分裂症）到簡單提供個人一種表達的方式，好讓他們能夠在精神和情緒上變得較為穩定。藝術療法也能夠幫助人們對抗負面的自我形象和處理焦慮的問題。

藝術療法特別適合於孩童或學生，因為他們有難以用文字表達自己的傾向，且他們通常天生富有創意。藉由藝術，孩童或學生可能不只表現他們的創造力且玩得開心，並與影響他們生命的情感議題可以達成協議。

為了協助孩子或學生在面對考試焦慮的衝擊，能培養更好的洞察力，您可以將藝術與意象做結合。意象不僅指視覺成像，也包括所有的感覺——嗅覺、聽覺、觸覺和動覺。

步驟一：鼓勵孩子或學生使用視覺媒體，比如塗鴉、繪畫或油彩，來表現他們的創意。

步驟二：讓孩子或學生在繪畫中表達特定的議題，例如：你可以問孩子或學生：「你要不要描繪一下你對考試的感覺呢？」或「當你想到考試時，腦海中出現了什麼景象？」

步驟三：和孩子或學生談論他們的畫作，讓他們選擇在繪畫時一起討論，或等到藝術創作時間結束後再討論。為了使孩子或學生開口，你可以提出開放式的問題，像是：「你對這張藝術創作感覺如何？」或「告訴我，當你在創作這張作品時，心裡在想什麼？」

　　要記得，藝術療法和表演無關，而是和洞察力的培養及以趣味方式表達自我的學習有關，藉著採用遊戲的方式將藝術與意象結合，你可以獲得創作者心理狀態豐富且深入的資訊。

三、如何使用呼吸調節來放鬆

　　心理與生理的緊張，與考試焦慮有密切的關係，心理學家用簡單的呼吸技巧來幫助一個人放鬆且增進專注力，你可以利用以下的簡化版本來幫助孩子或學生（請參閱第 75 至 77 頁附錄——給父母和老師的放鬆腳本）。

步驟一：要求孩子或學生閉上他們的眼睛，並冥想著最喜歡且平靜的場景，可能是在海邊、他們自己的房間、花園中或池塘邊等等，冥想的場景最好選擇對他們而言是真實的景象。

步驟二：利用想像力讓那些景象活靈活現，要孩子或學生回想風是如何輕拂著他們的頭髮和衣服，陽光照射在皮膚上微微刺痛的溫暖，或者背景有流水的聲音。

步驟三：置身於這個心靈的殿堂中，要孩子或學生將注意力集中在他們自己的呼吸上，當吸氣和呼氣成為規律的節奏時，緩慢的深呼吸。

步驟四：接下來，要孩子或學生專注在身上的一個特定部位，像是手掌、手臂、腿或腳。

　　從繃緊開始，例如握拳五秒鐘，然後放鬆十秒鐘，接著移

至前臂，再次先繃緊再放鬆。接下來以同樣的時間運作二頭肌，讓孩子或學生集中注意力在這些肌肉繃緊和放鬆時的感受有何不同。

在第一組肌肉組織完成鬆緊練習後，接著讓孩子或學生運作下一組肌肉組織——身體中心的肌肉，包括臉部、脖子和胃部肌肉。

第三組和最後一組肌肉組織包括兩腿、臀部、大腿、腳踝、小腿、腳掌和腳趾。

步驟五：重複練習步驟一到四，直到孩子或學生熟練這些動作，且能夠在不需指導的情況下實行。

鼓勵孩子或學生每天練習這些步驟至少四到六週，在重要考試前數週，要孩子每週甚至每天開始規律的使用這個呼吸技巧，因為經常練習，孩子們應該能夠將考試焦慮的影響減到最低。

四、如何戰勝負面思考

在考試之前，有些人可能會陷入負面思考，例如：考不及格、準備不周、因沒表現好將面臨的結果等等。負面思考的例子有：

· 我總是考不好。

· 我太笨了，沒辦法讀好。

· 我是如此失敗的人，不論我多麼努力用功，我都不可能考得好。

這些想法可以透過我們在先前所提到「解釋風格」的三個面向，而得到檢測及理解。

個人化	「我」	相對於	「非我」
	（因為我）		（不是因為我）
永恆性	「總是」	相對於	「非總是」
	（將在我的人生中再次出現）		（將不會在我的人生中再次出現）
普遍性	「每件事」	相對於	「非每件事」
	（將影響我人生中很多領域）		（將不會影響我人生中很多領域）

 約8到9歲之前，孩子們在解釋生活中出錯的事物方面，似乎已發展出一種特定的模式，心理學家稱之為「解釋風格」（explanatory styles）。

研究箴言

關於孩童解釋風格的研究，早在1980年代中期就開始了。研究顯示，孩子們傾向將負面的解釋歸因於出錯的事件，其在約9歲之前，**開始穩定進入一種風格**。在缺乏任何積極的介入下，悲觀的傾向或訴諸負面的解釋**都會伴隨著我們的生活！**悲觀的孩童傾向在學業方面未能充分發揮，並有更少、更缺乏滿足的同儕關係（Shatte, et al., 1999）。

「我—總是—每件事」的解釋風格，預測了一個人的未來或表現會變得沮喪或難過的強烈傾向。另一方面，「非我—總是—每件事」則是一個人易有對他人長期發怒和憤恨傾向的風格形態。

讓我們利用「解釋風格」的架構，來分析前一頁負面思考的例子。我們可以以此架構將每一個句子區分成三個面向：

我	總是	考不好
以「我」陳述	*以「總是」陳述*	*以「每件事」陳述*
我是	太笨	沒辦法讀好
以「我」陳述	*以「總是」陳述*	*以「每件事」陳述*
我是如此失敗的人	我不可能考得好	考試時，不論我多麼用功
以「我」陳述	*以「總是」陳述*	*以「每件事」陳述*

像這些念頭，也能以「我」、「總是」、「每件事」等面向分析其強度大小值。例如：

我總是考不好

「我」	①	2	3	4	5	「非我」
「總是」	①	2	3	4	5	「非總是」
「每件事」	①	2	3	4	5	「非每件事」

這個陳述指出，這名孩童或學生：

- 認為他要單獨為考不好的結果負責（「我」—以「我」陳述）。
- 認為他每次都得到考不好的結果（「總是」—以「總是」陳述）。
- 認為對每次考試而言都是真實的（「考試」暗示著對每次考試而言都是真實的—以「每件事」陳述）。

接下來的陳述則有些不同。

我總是在數學方面考不好，因為我有一個令人討厭的老師。

「我」	1	2	3	④	5	「非我」
「總是」	①	2	3	4	5	「非總是」
「每件事」	1	2	3	④	5	「非每件事」

這個陳述指出，這名孩童或學生：

- 不認為他要為考不好的結果負責（「因為我有一個令人討厭的老師」—以「非我」陳述）。
- 認為他在所有的數學考試中得到考不好的結果（「總是」—以「總是」陳述）。
- 認清考不好的結果只發生在數學考試（「在數學考試中考不好」—以「非每件事」陳述）。

　　心理學家建議，應該在這些負面想法一開始出現時就打擊它們，這樣做的關鍵是藉著從替代的觀點來看待事情，將負向的信念轉為正向的信念。

　　以下有一個簡單打擊負面想法的三部曲：

步驟一：當孩子或學生被負面想法掩蓋時，應該藉著喊「停！」來瞬間終止這些想法。就是這麼簡單！教孩子或學生持續的小聲喊「停」，直到負面的想法失去影響力為止。

步驟二：在「抵銷」（neutralising）負面想法後，引導孩子或學生將負面想法化為三個面向：

「我」	「非我」
「總是」	「非總是」
「每件事」	「非每件事」

步驟三：一旦負面想法被分析之後，利用替代觀點來看待事物以持續打擊它。

　　例如：假使孩子或學生傾向說：「那是我的錯……」，教導他們去觀察其他的事物（諸如人們或環境）在某些時候如何使情況變糟。另一方面，假如孩子或學生傾向說：「那不是我的錯……」，那麼教導他們從另一個觀點來看——他們可能造成了某種情境。

　　我們來看下面這些例子。

例一

我在數學方面總是考不好，因為我有一個令人討厭的老師。（負面想法）

「我」	1	2	3	④	5	「非我」
「總是」	①	2	3	4	5	「非總是」
「每件事」	1	2	3	④	5	「非每件事」

在這個陳述中，每一項「我─總是─每件事」的部分，換成另一種替代的想法：

如果我多做一些練習的話，我就可以在數學考試中考得更好。（正面替代想法）

「我」	1	②	3	4	5	「非我」
「總是」	1	2	3	4	⑤	「非總是」
「每件事」	1	2	3	4	⑤	「非每件事」

這個陳述指出，這名孩童或學生：

- 認為他要為這個狀況負責（「我」─以「我」陳述）。
- 認為他可以為了改善這個狀況而做一些事（「如果我多做練習」─以「非總是」陳述）。
- 認清考不好的結果只有指數學考試（「數學考試」─以「非每件事」陳述）。

將該分數和心理腳本轉換為這三個面向，創造一種替代的觀點。

例二

人們不喜歡我，因為我是如此失敗的人。（負面想法）

「我」	①	2	3	4	5	「非我」
「總是」	①	2	3	4	5	「非總是」
「每件事」	①	2	3	4	5	「非每件事」

這個陳述指出，這名孩童或學生：

- 認為他要為該狀況負責（「我是如此失敗的人」—以「我」陳述）。
- 認為他無法改善該狀況（「如此失敗的人」暗示它是一個穩固的人格缺陷—以「總是」陳述）。
- 認為他整體來說並不可愛（「人們不喜歡我」—以「每件事」陳述）。

人們不喜歡我，是因為我總是遲到，所以我需要努力守時。（正面替代想法）

「我」	①	2	3	4	5	「非我」
「總是」	1	2	3	④	5	「非總是」
「每件事」	1	2	3	④	5	「非每件事」

這個陳述指出，這名孩童或學生：

- 認為他要為該狀況負責（「我總是遲到」—以「我」陳述）。
- 認為他可以改善該狀況（「我需要努力守時」暗示這個狀況是可以改變的—以「非總是」陳述）。

・認清他並不可愛的原因只因為缺乏為他人著想（「人們不喜歡我，是因為我總是遲到」暗示他只在某些方面不可愛——以「非每件事」陳述）。

形成替代性觀點的原則

在形成替代想法時，需要思考下列幾點：

1. 個人化面向（「我」相對於「非我」）——是因為我的緣故嗎？
   ・檢視孩子或學生是否未能考量到其他可能導致該狀況的因素，而過於自責，例如：或許某個朋友也可能造成這種狀況。
   ・檢視孩子或學生實際上是否負責。
   ・檢視對孩子或學生而言，是否可能藉著減少想法的強度來緩和該情境，例如：它有可能是強度2，而不是1。

2. 永恆性面向（「總是」相對於「非總是」）——它會在我的生活中再次出現嗎？
   ・檢視孩子或學生是否為了讓這個衝擊比實際上持續得更長久，而誇大情境的衝擊。
   ・檢視孩子或學生是否能以時間的觀點，來考量其他可能減少或緩和衝擊的因素。
   ・檢視一項負面結果的衝擊強度，是否會比最初相信的更少，例如：它有可能是強度2，而不是1。

3. 普遍性面向（「每件事」相對於「非每件事」）——它會影響我生活中的很多方面嗎？
   ・檢視孩子或學生是否為了讓這個衝擊比實際上更加擴大，而

誇大情境的衝擊。

- 檢視孩子或學生是否能以影響他生活中的其他觀點，來考量其他可能減少或緩和衝擊的因素。
- 檢視一項負面結果的衝擊強度，是否會比最初相信的更少，例如：它有可能是強度 2，而不是 1。

形成替代性觀點的練習

邀請孩子或學生思考一個負面的陳述或想法，或做另一個選擇——請他提出一個以前曾經說過和考試情境有關的內容。

例如：*我的數學考試永遠不可能及格，因為我總是在考試時忘記公式。*

為了擊退不必要的消極思想情境，我們必須學習針對負面想法來產生替代性想法，你可以參照前一頁的「形成替代性觀點的原則」來做這個練習。

針對一個考試情境，請在以下空白處寫下你的負面想法或陳述。

個人化面向

　　檢視這個陳述，並問自己：「這個負面的事件或情境是『因為我』或『不是因為我』的緣故？」圈選最能代表這一點的號碼。

　　「我」　　1　　2　　3　　4　　5　　「非我」

　　請在以下空白處寫出一個替代性的想法。

　　判斷新的想法和「我」—「非我」面向之間的關係，圈選最能代表這一點的號碼。

　　「我」　　1　　2　　3　　4　　5　　「非我」

永恆性面向

　　問自己這個負面的事件或情境是否「將在我的生活中再次出現」或「將不會在我的生活中再次出現」？

　　「總是」　　1　　2　　3　　4　　5　　「非總是」

　　請在以下空白處寫出一個替代性的想法。

判斷新的想法和「總是」—「非總是」面向之間的關係，圈選最能代表這一點的號碼。

「總是」　　1　　2　　3　　4　　5　　「非總是」

普遍性面向

以負面結果或狀況是否「將會影響我生活中的很多方面」或「將不會影響我生活中的其他方面」的觀點，檢視你的想法。

「每件事」　　1　　2　　3　　4　　5　　「非每件事」

請在以下空白處寫出一個替代性的想法。

判斷新的想法和「每件事」—「非每件事」面向之間的關係，圈選最能代表這一點的號碼。

「每件事」　　1　　2　　3　　4　　5　　「非每件事」

五、如何使用定格技巧

「定格」是由 HeartMath 開發協會的科學家們，所進行一項密集的免疫生物學研究而發展出的一種技巧。

透過此研究，已證實情感和理智彼此相互影響與調節，研究者藉著改變想法和情感的方向，發展了這種定格技巧以中和壓力，排除單獨強調理智的部分，而重新聚焦於情感和理智之間的關係。

在本質上儘管有些不同，但定格技巧就像看一部電影，想像著圍繞在身旁的事件就像發生在眼前的電影一般；想像您可以神奇的定住一個特定的鏡頭，並為了取得一個更清晰的視野或事物的景觀而「暫停」，這個本質就是定格技巧。

HeartMath 開發協會的研究者說：「心臟和大腦緊密的影響彼此。」緊張的思緒會導致心跳加速，而規律的呼吸和心跳有助於控制壓力。

研究箴言

當壓力層級增加時，會產生大量的腎上腺素和壓力激素（皮質醇），並在血液中循環，當過量的腎上腺素和皮質醇關閉我們的免疫系統時，會導致我們的心臟跳得更劇烈。

當我們感到緊張時，我們的神經系統會變得很不安定，血管收縮、血壓上升等等。因此，如果疏於檢查的話，最終可能會由於神經性焦慮的慢性傷害而導致心臟病。

一項研究發現，即使是回想單一的發怒事件和挫折，都會壓抑你的免疫系統將近一整天。另外的研究則發現，回想正向情感的行為，比如說快樂和喜悅，能夠增加白血球細胞的數量，而它在保護身體以對抗病毒和惡性腫瘤方面則是必要的。

定格的五個步驟

步驟一：暫停

當孩子或學生感到考試焦慮開始增加時，就馬上「暫停」，讓他們能從負面的想法和感受中脫離出來。

教導孩子或學生審視自己的身體和心理狀態中，有關壓力的暗示，注意身體所表現出脫序（例如：頭痛）或心理混亂的狀態，讓自己從此時的狀態隔離出來，且毫不遲疑的以「暫停」介入處理。

這裡的關鍵是藉著喊出「暫停！」以瞬間終止負面思考，孩子或學生們可以選擇大聲或小聲的喊「暫停」。

步驟二：想像經由心臟的呼吸

要孩子想像氣息從心臟進入身體，且從胸口（就在胸骨下方的區域）出去，根據 HeartMath 開發協會研究者的說法，這種焦點移至心臟的轉換，推動了心血管的效能，且為理智和情感帶來更佳的連貫性。

這裡有個簡單的運用程序：

閉上眼睛，深呼吸。接著，想像隨著每一次呼吸，空氣經由心臟被吸進來。當你呼氣時，想像空氣如何在體內遊走，並從胸骨或胸口排出。

步驟三：活化積極的感受

要孩子或學生回想一些正向的經驗，像是在公園愉快的散步、欣賞夕陽時的平靜獨處時光，或者被賞識、疼愛或照顧的感受。

研究顯示，正面感受的經驗能夠幫助免疫系統的再生、促進健康和整體的幸福感，同時也帶來了更積極且均衡的世界觀。

如果孩子或學生的壓力大到，他們發現難以喚起正向的想法，讓孩子或學生嘗試別再深入去想負向的念頭，這至少可以達成中和的心靈狀態。

步驟四：採取有效率或有效果的態度或行動

> 步驟二和三應能促進更高清晰度和客觀度的思考，以及一些身體的改變（例如：更放鬆的肌肉、放慢的心跳速率）。

> 有了受控制的情緒和整體幸福、平靜的感覺，孩子或學生應該會變得更專注且靈敏。

> 一旦孩子或學生處於這樣的心理狀態，他們更能夠思考且決定可能採取的行動或替代的看法。問問孩子或學生：「採取什麼態度或行為，可以最有效率或有效果的幫你自己抒壓？」它可以是跑個步、看場電影，或者為完成考試的複習而尋求兄姐或父母的協助。

步驟五：去感覺並承擔任何感知能力、態度或情感方面的改變

> 隨著壓力的減輕，孩子或學生有可能對考試情境以及深入自我瞭解方面，展現出更積極的態度。

練習定格技巧的提示

1. 趁孩子或學生未處於壓力下時，與他們練習定格技巧，如此一來，他們才會對這種技巧的使用發展正向的聯結。

2. 協助孩子或學生建立一個八到十項平靜或舒適的回憶或經驗的列表，用這些正面經驗的每一項去練習定格技巧；如此一來，當他們感到壓力或焦慮時，就能夠輕易去運用這些正面的經驗。

　　研究發現，練習定格技巧的個體有更均衡的心律和神經系統，而他們的荷爾蒙形態和免疫系統，也會產生其他有益的改變；這些改變已被證實，在他們的思考和感覺方式上產生重大的衝擊。

　　透過週期性的定格練習，一個人可以進行心理、情感和生理的再充電，並增進記憶力和理解力。邀請孩子或學生在每個學期初或當他們感到心理負荷過大的任何時間，練習約一分鐘的定格技巧。

六、如何透過練習來增進考試技巧

　　練習是帶走考試焦慮「傷害」的一種重要方法，經由練習，孩子或學生將變得更不容易被應考時的憂慮和恐懼所擊垮。

　　它就和您第一次被要求公開演說的情形很類似，我們大部分的人都會心慌、緊張，甚至有些人會感覺快要昏倒！但有了練習，我們對公開演說就變得較不緊張且比較自在。按照相同的邏輯，只要孩子或學生更常為考試做練習，他們就會對考試變得比較不緊張。

　　這裡有個您可以介紹給孩子或學生的簡易應考練習的程序。

步驟一：向孩子或學生解釋您為何建議這個方法的理由，用簡單的詞彙解說您如何學習到只因為練習，就能對考試或公開演說比較不緊張或焦慮。

　　　　接著，教導孩子或學生放鬆技巧的運用，例如調整呼吸（請參閱 50 到 51 頁的「如何使用呼吸調節來放鬆」）。

步驟二：讓孩子或學生建構考試焦慮的層級，讓他們辨識一些引發焦慮的考試情境，其層級可以參考以下的例子：

第一級：在考試之前就一直想著它了。

第二級：在考試開始前五分鐘，就想像坐在考場中的樣子。

第三級：想像進行中的考試狀況。

第四級：模擬考試，練習模仿考試發生的期間。

研究箴言

研究指出，高度焦慮的人能自系統減敏的使用而受益，此種認知行為療法曾幫助克服焦慮的不適和恐懼症。

在已知的事實上，對於人們來說，系統減敏在於焦慮和放鬆無法同時作用，在考試等不同因素激起壓力的情境下，藉著誘導放鬆，個體會因而漸漸變得較不緊張。

這個過程首先會牽涉到教導個人應付的策略（例如：放鬆呼吸法的使用），其次則是讓個人利用分級的暴露療法。

這會在焦慮層級（一組取決於其所導致之焦慮程度的情境列表）的建構時完成，然後實驗對象會被要求想像或體驗逐步暴露於各種不同焦慮被引發的情境中。

在實驗對象引發壓力反應的瞬間，他會被要求對實驗者發出信號，讓他在心中保持緊張的想像將近二十秒之後，實驗對象接著使用放鬆呼吸法來誘導出放鬆的反應。

藉著持續暴露在導致焦慮並結合使用處理技術（例如放鬆呼吸法）的想像中，實驗對象逐漸對引發焦慮的情境降低了敏感度。

步驟三：要孩子或學生想像第一項引發考試的情境（第一級），當他們經歷焦慮時，叫他們對你發出信號（例如：舉起手），要求他們在執行放鬆呼吸練習之前，維持這個引發焦慮情境的想像約二十秒。在此之後孩子或學生應該會體會到某種程度的放鬆。

當一個項目（第一級）連續透過兩種情況都無法引發焦慮時，那麼就是該移到下一個項目（第二級）的時候了。

以激發焦慮的方式重複步驟三，緊接著做放鬆的反應，直到這個項目的連續兩種情況無法再度引起任何焦慮為止。然後再移到下一個項目（第三級）並再度重複步驟三。

步驟四：漸漸的降低孩子或學生對考試情境想像的敏感度之後，他們現在就準備好進入下一個階段（第四級）——模擬考。

假裝一個應考的情境，可以利用模擬考卷來呈現近似於他們可能面臨的情況：完成考試固定的時間、沒有來自他人的干擾等等。允許孩子或學生閉著眼睛靜坐一會兒，回想常常伴隨著考試而引發焦慮的想像。

當孩子或學生正經歷焦慮且準備好開始進入放鬆反應時，讓他們對你示意（例如：舉起手）。只要孩子或學生有需要，就允許他們進行放鬆反應，直到焦慮減輕為止。當孩子或學生適度的放鬆時，模擬考就可以開始了。

步驟五：設置一個假裝你將應考的一週行事曆，例如：你可以為不
　　　　同的科目在不同的星期設定考試情境。記得要盡可能模擬
　　　　貼近真實狀況的考試情境。

　　這種練習不只有降低考試焦慮的好處，還能為孩子或學生建立
自信和學習的動機。

研究箋言

來自美國賓州大學的研究者 Andrew Shatte 和 Reivich
教授，已確認做為發展復原力具有關鍵性的七種
技巧。這七種技巧是以七種情感要素為目標：

・情緒調整。
・衝動控制。
・隨意分析。
・自我效能。
・切合實際的樂觀。
・同理心。
・伸出援手。

　　研究者發現練習這七種技巧能夠幫助一個人改善溝通、做決定，並增加克服逆境的精神力量。

　　Shatte 教授〔暢銷書《挫折復原力》（*The Resilience Factor*）的共同作者、Adaptive Learning Systems 的副總裁及臨床心理學家〕和 Reivich 教授，從十五年的創新研究中的一項研究基礎調查發現，可將復原力擷取出以傳授給個體。

　　他們的方法已被證實在廣泛的應用項目中並獲得成功，例如：增加銷售量、來自慢性醫療疾病的痊癒、提升學術的等級分數，和增強高度要求（像是軍中）工作上的表現等。

結語

　　這本書試圖提供父母和老師一個資源，讓他們可以在協助孩子或學生面對考試焦慮時，扮演一個積極、重要且有知識的角色。

　　考試焦慮是一種嚴重的心理狀態，但它帶給年輕人和孩童的負面衝擊常被低估，這就是為什麼考試焦慮會獲得「沉默的疾病」之稱號。數百萬的學生沉默地在受苦，沒有發覺到這種狀況，其實也折磨著全世界的學生（因此他們並不孤單），或他們對於自己的軟弱太難為情，以致於無法對他們的照護者承認他們有此需求。

　　父母和老師一樣，在這個持續的狀況上扮演著不知情的角色，有些父母和老師因為出於「不輸人」的心理，便輕率的把這種疾病視為一種過度反應而毫不理會，並繼續進行像「試著振作起來」或「事情會好轉的」這類善意卻毫無幫助的建議。

　　對這種心理狀態不理睬的結果，將導致孩子或學生自覺在面對考試焦慮時是全然的孤獨，或者他們根本拿它沒辦法。

　　很幸運的，有愈來愈多的父母和老師正盡力找出更多關於這種「疾病」的訊息，以及如何與它對抗的技巧。

　　然而，在這個領域的相關資源是非常有限，因此幫不上什麼忙。

在為這本書做研究的過程中，筆者發現很多可靠且由專業心理學家或學校心理諮商師所寫的書籍和錄影帶，但對一般的照護者來說實在太難了。其他的資源功能比較像自學或引起動機的書籍，例如充滿鼓舞人心的故事和軼聞可做為有趣的閱讀用途，但卻缺乏清楚解說的架構和技術，無法讓父母和老師得以幫助他們所照護的對象。

這本書正是為修正此種狀況以提供服務的。

身為一個心理學家和從業者，筆者發現科學的架構和技術，應該設法進入父母和老師都能大量使用的技巧狀態，這一點是很重要的；而筆者保證複雜的心理學理論解說，對本書的目標讀者群而言，並不會造成迷惑。

身為一個受過嚴謹的理論訓練並開業的心理學家，筆者深深的意識到，對理論的瞭解有適當的基礎是很重要的。沒有理論的框架，技巧只不過是沒有舵的船隻，無法幫助我們正確的操控我們的行為。

為了這個目的，我們花了很大的心血為書中的結構和技術做鑑定，並在若干的現場條件下做前導試驗。在這本書出版之前，我們已經施行將近一年的時間。

我們教導了一系列來自新加坡數個學校的家長、老師和學生的焦點團體，以協助做美國所謂的「田野調查」。我們請求這些目標族群回應他們的意見，而每一則意見都被拿來研究如何能使本書更加進步。參加這個田野調查的學校，是由新加坡學術競爭力最強的學校，和每天都在協助學生相信自己而作戰、有遠見的領導人所帶領的社區學校之最佳組合。

總計超過三千名的老師、家長和學生，在某種程度上為本書的成長提供了貢獻。範圍從小型的焦點團體到集會型的訓練研討會，我們積極的請求來自這三類關鍵目標族群的回應訊息。

　　除此以外，我們也徵詢了這個領域的專家，像 Agnes Chang 教授（新加坡教育心理學的資深前輩）和吳武典教授（台灣最傑出的教育心理學家之一）的意見，而他們也都十分和善地閱覽了最後的手稿。

　　在這本書中所解說的策略和技術（例如：系統減敏和引導的意象），均歸入以認知行為療法廣為人知的心理學領域。Sapp（1999）發表了這種認知行為技術和策略，在治療考試焦慮方面已被證實是有效果的。

　　自行提出建言，似乎在對抗考試焦慮方面的效果不彰，但與認知行為策略結合的提議，對於戰勝考試焦慮則是強力的處方。

　　本書將一種簡單但共同合作的嘗試，放進父母、老師和學生的手中，目的是為了幫助他們致力處理這個毒害全世界學生的問題。

參考文獻

Bradley, R. T., McCraty, R., Atkinson, M., Arguelles, L., & Rees, R. A. (2007). *Reducing test anxiety and improving test performance in America's schools: Summary of results from the TestEdge National Demonstration Study*. CA: Institute of HeartMath.

Chidre, D. (1998). *Freeze frame*. CA: Planetary Publications.

Dickman, C. (1989). *Attacking anxiety*. Midwest Centre for Stress and Anxiety.

Ellis, A. (1998). *How to control your anxiety before it controls you*. New York: Albert Ellis Institute.

HeartMath: www.HeartMath.com

MuktenBerger, R. (2004). *Behavior modification*. CA: Thomson.

Rievich, K., & Shatte, A. (2002). *The resilience factor*. New York: Random House.

Rubin, J. (2005). *Artful therapy*. New Jersey: John Wiley & Sons.

Sapp, M. (1999). *Applied research, assessment and treatment interventions*. New York: University Press of America.

Seligman, M. (1998). *Learned optimism*. New York: Simon and Schuster.

Shatte, A., Reivich, K., Gillham, J., & Seligman, M. (1999). Learned optimism in children. In *Coping: The psychology of what works*. New York: Oxford University Press.

Stallard, P. (2005). *A clinician's guide to think good: Feel good*. West Sussex: John Wiley & Sons.

Zins, M., & Weissberg, R. (2004). *Building academic success on social and emotional learning*. New York: Teachers College Press.

附錄

給父母和老師的放鬆腳本

這是給父母或老師用來幫助孩子或學生，駕馭放鬆技巧以對抗考試焦慮的腳本（參閱 50 到 51 頁「如何使用呼吸調節來放鬆」）。

引導孩子或學生演練這個腳本二到三次，隨後你可以錄下放鬆的訓練內容；如此一來，他們就可以在沒有父母或老師的密切督導下，自己定期收聽。

如果輕音樂或有撫慰作用的背景音樂，能幫助孩子或學生達到更容易放鬆的心理狀態，您亦可以將其列入考量。

腳本

我想教你一個幫助你放鬆的簡單運動，它將會協助你擺脫那些，阻止你回想學過事物的緊張感，也會幫助你增加考試時的集中力。

它很簡單，你將會學到繃緊和放鬆三組肌肉組織，且能意識到身體在繃緊和放鬆之間的差異。

學習這個需要費心練習，所以你可能必須重複這個運動很多次。

讓我示範如何握緊我的手並放鬆它（父母或老師示範），我繃緊我的肌肉約五秒鐘，並放鬆它約十秒鐘，在繃緊並放鬆這組肌肉

後，我們將移到下一步驟，它就是這麼簡單！

那我們就開始吧！

首先閉上你的眼睛並想像著一個平靜的場景，你可以想像自己在一個花園裡、在海邊、在你自己的房間裡，或坐在池塘邊。試著用你所有的感覺想像以下這個景象──風正輕拂著你的頭髮、陽光照在你皮膚上微微刺痛的溫暖、背景的潺潺流水聲等等。

當你想像這個安全無虞的環境時，將注意力集中在你的呼吸上，緩慢且用力的吸氣和呼氣。

接著，我要你專注於身體上的特定部位。

現在我們開始握緊拳頭五秒鐘，然後放鬆十秒鐘。準備好了嗎？握拳──1、2、3、4、5。放鬆──1、2、……10。

現在換成前臂。再一次，繃緊兩隻手臂五秒鐘，然後再放鬆十秒鐘。

接著，換你的二頭肌。注意肌肉繃緊和放鬆時的差異，並專注於放鬆的感覺。

然後，我們將運作身體的中心部位。開始繃緊臉上的肌肉五秒鐘，然後放鬆十秒鐘。你可以皺著臉來做。

以同樣的方式運作你的頭部五秒鐘，並放鬆十秒鐘。你可以將耳朵向後拉並放鬆它們。現在換嘴巴，你可以將嘴巴張得很開並繃緊，然後放鬆。

接著是你的鼻子，弄皺它然後放鬆。噘緊你的嘴唇然後放鬆。

在繃緊並放鬆你的臉部之後，運作脖子的肌肉，你可以繃緊並放鬆它們，藉著向下拉緊嘴巴來伸展你脖子上的肌肉。

最後，我們來運作肚子周圍的肌肉。

你是否留意到，當你繃緊和放鬆時的差異呢？

特別專注在放鬆的感覺。

現在我們換到第三組的肌肉組織——我們腿部周遭的肌肉。

伸展兩腿並繃緊它們五秒鐘，然後放鬆十秒鐘，再次留意這組肌肉繃緊和放鬆之間的差別。

接著，繃緊你的臀部五秒鐘並放鬆十秒鐘，再一次注意繃緊和放鬆之間的不同。以同樣的方式運作你的大腿、小腿、腳掌和腳趾。

你已做完所有三組肌肉組織的繃緊和放鬆，請注意你現在的整個身體是非常放鬆的。

在你呼吸的同時，你可以注意到你已經變得更放鬆，且每呼吸一次，你就能體會到放鬆的感覺。現在我們停止這個運動。

我會從 1 數到 10，數到最後，輕輕睜開你的眼睛。當我還在數時，你會持續感覺非常輕鬆且煥然一新——比你長久以來感覺的還要更棒。

現在，1、2、3、4、5。

輕輕睜開你的眼睛。

國家圖書館出版品預行編目資料

戰勝考試焦慮：幫助學生克服考試壓力 /
Teo Yew Chye 著；林琬婷，林敬堯譯.
-- 初版. -- 臺北市：心理，2008.09
面； 公分. --（親師關懷；29）
參考書目：面
譯自：Fighting off test anxiety: helping students
beat test / exam stress
　　ISBN 978-986-191-181-6（平裝）
　　1. 考試　2. 焦慮　3. 學習方法

529.98　　　　　　　　　　　　　　97014630

親師關懷 29　　**戰勝考試焦慮：幫助學生克服考試壓力**

作　　　者：Teo Yew Chye
譯　　　者：林琬婷、林敬堯
執行編輯：郭佳玲
總　編　輯：林敬堯
發　行　人：洪有義
出　版　者：心理出版社股份有限公司
社　　　址：台北市和平東路一段 180 號 7 樓
總　　　機：(02) 23671490　　傳　　　真：(02) 23671457
郵　　　撥：19293172 心理出版社股份有限公司
電子信箱：psychoco@ms15.hinet.net
網　　　址：www.psy.com.tw
駐美代表：Lisa Wu　　tel: 973 546-5845　　fax: 973 546-7651
登　記　證：局版北市業字第 1372 號
電腦排版：辰皓國際出版製作有限公司
印　刷　者：東縉彩色印刷有限公司
初版一刷：2008 年 9 月

讀者意見回函卡

No. _____   填寫日期： 年 月 日

感謝您購買本公司出版品。為提升我們的服務品質，請惠填以下資料寄回本社【或傳真(02)2367-1457】提供我們出書、修訂及辦活動之參考。您將不定期收到本公司最新出版及活動訊息。謝謝您！

姓名：_____ 性別：1□男 2□女

職業：1□教師 2□學生 3□上班族 4□家庭主婦 5□自由業 6□其他____

學歷：1□博士 2□碩士 3□大學 4□專科 5□高中 6□國中 7□國中以下

服務單位：_____ 部門：_____ 職稱：_____

服務地址：_____ 電話：_____ 傳真：_____

住家地址：_____ 電話：_____ 傳真：_____

電子郵件地址：_____

書名：_____

一、您認為本書的優點：（可複選）

　❶□內容 ❷□文筆 ❸□校對 ❹□編排 ❺□封面 ❻□其他____

二、您認為本書需再加強的地方：（可複選）

　❶□內容 ❷□文筆 ❸□校對 ❹□編排 ❺□封面 ❻□其他____

三、您購買本書的消息來源：（請單選）

　❶□本公司 ❷□逛書局⇨_____書局 ❸□老師或親友介紹

　❹□書展⇨____書展 ❺□心理心雜誌 ❻□書評 ❼其他_____

四、您希望我們舉辦何種活動：（可複選）

　❶□作者演講 ❷□研習會 ❸□研討會 ❹□書展 ❺□其他____

五、您購買本書的原因：（可複選）

　❶□對主題感興趣 ❷□上課教材⇨課程名稱_____

　❸□舉辦活動 ❹□其他_____ （請翻頁繼續）

心理出版社 股份有限公司

台北市 106 和平東路一段 180 號 7 樓

TEL: (02) 2367-1490

FAX: (02) 2367-1457

EMAIL:psychoco@ms15.hinet.net

沿線對折訂好後寄回

六、您希望我們多出版何種類型的書籍

❶□心理 ❷□輔導 ❸□教育 ❹□社工 ❺□測驗 ❻□其他

七、如果您是老師，是否有撰寫教科書的計劃：□有□無

　　書名／課程：＿＿＿＿＿＿＿＿＿＿＿＿＿＿＿＿＿＿＿

八、您教授／修習的課程：

上學期：＿＿＿＿＿＿＿＿＿＿＿＿＿＿＿＿＿＿＿

下學期：＿＿＿＿＿＿＿＿＿＿＿＿＿＿＿＿＿＿＿

進修班：＿＿＿＿＿＿＿＿＿＿＿＿＿＿＿＿＿＿＿

暑　假：＿＿＿＿＿＿＿＿＿＿＿＿＿＿＿＿＿＿＿

寒　假：＿＿＿＿＿＿＿＿＿＿＿＿＿＿＿＿＿＿＿

學分班：＿＿＿＿＿＿＿＿＿＿＿＿＿＿＿＿＿＿＿

九、您的其他意見

＿＿＿＿＿＿＿＿＿＿＿＿＿＿＿＿＿＿＿＿＿＿＿＿＿

謝謝您的指教！　　　　　　　　　　　45029